CEMITÉRIO DA FILOSOFIA
PRECEITOS DA DÚVIDA

espirituosidades micrognômicas

ou

máximas minúsculas

*

poemas aporéticos
antinômicos
paradoxais

Ademir Demarchi, 2020.
Kotter editorial, 2020

Coordenação editorial: Sálvio Nienkötter
Editores-executivos:Raul K. Souza, Francieli Cunico.
Editora-adjunta: Isadora M. Castro Custódio
Editor assistente: Daniel Osiecki
Projeto e edição gráfica: Jussara Salazar
Produção: Cristiane Nienkötter
Preparação de originais e revisão: o Autor

Dados Internacionais de Catalogação na Publicação (CIP0
Angelica Ilacqua CRB-8/7057

Demarchi, Ademir
Cemitério da filosofia: preceitos da dúvida: espirituosidades micrognômicas ou máximas minúsculas / Ademir Demarchi.-- Curitiba: Kotter Editorial, 2020.
112 p.
ISBN: 978-65-86526-36-3
1. Poesia brasileira I. Título
20-2960 CDD B869.1

KOTTER EDITORIAL
Rua das Cerejeiras, 194
Telefone: +55 (41) 3585-5161
Email: contato@kotter.com.br

ADEMIR DEMARCHI

CEMITÉRIO DA FILOSOFIA
PRECEITOS DA DÚVIDA

espirituosidades micrognômicas

ou

máximas minúsculas

*

poemas aporéticos
antinômicos
paradoxais

KOTTER
EDITORIAL

CEMITÉRIO DA PHILOZOPHIA

Marcelo Ariel

Este livro é um parente muito próximo, um primo do Silogismos da Amargura, do filósofo romeno Emil Cioran. Um primo bem humorado. Ademir aprendeu bem a lição da concisão humorística de Oswald de Andrade e Augusto Monterroso. Por outro lado há uma emergência nestas máximas mínimas, que tomam partido do que a dupla Deleuze & Guattari chamava de 'literatura menor' se referindo aos vetores das obras de Franz Kafka, outro autor com o qual Ademir também dialoga - e qual é essa emergência? A da sobrevivência do poema no tempo da dispersão e diluição e dos hábitos de leitura cada vez mais contaminados por uma velocidade funcional e anti-literária, típica de uma época hilariotrágica que estamos vivendo.

Estas máximas poemáticas poderiam ser grafites nos muros de qualquer cidade de hoje, frases falsamente inofensivas que os efêmeros seres de passagem que somos olham sem perceber que estão lendo e simultaneamente sendo lidos. Este é um livro que assume estes e outros paradoxos ao dialogar formalmente com formas tão antigas que se tornaram atemporais e ao mesmo tempo com as pichações e grafites de hoje e explicitar um humor e ironia finos e agudos e ao mesmo tempo uma melancolia e desencanto incontornáveis.

Um dado curioso e inescapável é que realmente existe em Santos, cidade onde o autor reside, um Cemitério da Filosofia - fica no bairro do Saboó. "O nome original desse cemitério era Cemitério Municipal da Philozophia; data de 10 de abril de 1892 a sua inauguração pelo então Intendente Municipal, com o sepultamento de um menino de 10 anos de idade apenas", diz este excerto de um verbete da Wikipédia que parece ter sido escrito pelo autor do livro em questão.

PRÓLOGO

Este livro, falsamente vendido como de *Preceitos*, é de poemas - em verdade nada líricos, além do que, muito desossados: estão fadados a serem o que são, prisioneiros de uma escolha, a de pensá-los como preceitos, máximas poéticas que, por isso, abolem o lirismo e se assemelham a grafitos. Talvez funcionem como a tentativa de uma saída ao lugar-comum em que se tornou a expressão poética contemporânea, tributária cordata e senil de modelos asfixiantes ou enredada pela fantasia infantil do ego e que, por isso, não encontra saídas possíveis nesse deserto povoado de miragens e olhares idealizados e *românticos*.

Como néons que fazem o retrato 3x4 do tempo em que vivemos, em todas as suas contradições, esses preceitos, embora opostamente confinados ao silêncio da página, encontram uma semelhança com as ações de Jenny Holzer, artista plástica que se notabilizou por intervenções urbanas com escritos em fachadas e prédios; ou, como pequenas projeções fechadas, concretas como estátuas ou esculturas, talvez aspirem a imanência que Chillida consegue com o granito e o aço. Objetivos, podem às vezes lembrar uma lógica determinista mas nela de todo não cabem porque muitos são a antinomia, o paradoxal como forma de registro cabal das contradições que norteiam a existência humana contemporânea, sendo, por isso, muitos deles, também contraditórios. São afirmativos mas nascem com o mal de raiz da dúvida que orienta a filosofia. Dançam brincantes entre a ética e a dialética afinados por uma antitética.

Como poemas, podem, como ideia e com ampla liberdade formal, se alinharem na tradição dos dísticos, que remonta aos gregos e romanos, sem a preocupação de rígida métrica como lhes era característico, o que os aproxima da prática existente nas literaturas modernas, em que há liberdade formal, podendo os versos ser rimados ou não, com o mesmo número de sílabas ou não, como observa Massaud Moisés em seu *Dicionário de Termos Literários*. O mesmo autor caracteriza esse tipo de poemas como breves, de sentido completo, assemelhados aos epitáfios, podendo ser epigramáticos ou satíricos e, sendo de cunho filosófico, tidos como máximas. Ainda que assim o possam ser, têm ojeriza a certo uso moralista e facilitário encontrável nas frases de efeito, ou máximas, por muitos praticadas correntemente e, como eunucos, nada ambicionam, escaldados pela sabedoria benjaminiana de que a experiência humana contemporânea não encontra mais conexão com a narração, a fábula, o provérbio, esvaziados de seu caráter de sabedoria prática.

Em última instância, engolidos pelo silêncio, seriam inscrições lapidares no imenso cemitério contemporâneo de ruínas culturais e históricas.

O título, *Cemitério da filosofia*, tem duplas ressonâncias sugestivas; é, em primeiro lugar, o eco de um cemitério real, o Cemitério da Filosofia, em Santos, que recebeu essa denominação porque ali havia uma chácara de mesmo nome, constatação que esvaziou um tanto da fantasia de singularidade da existência de um Cemitério *da Filosofia...* Mas a força sugestiva de ser um improvável lugar de enterro do pensamento diante da constatação de que o humano não pensa permaneceu na memória se sobrepondo aos esqueletos reais, daí que o livro tomou para a si a segunda ressonância, a de ser o *campo insano*, nada *santo*, de joguete de enterro da positividade metafísica dos cadáveres preceituais e, se não alcançou ser um vero cemitério de signos, lapidou os calos do coveiro.

“A palavra é palavra contra um fundo de silêncio.”

“Penso nesta afirmação de Apolo, quando, pela boca do poeta Baquílides ele diz a Admeto: ‘Tu és apenas um mortal; por isto teu espírito deve nutrir dois pensamentos ao mesmo tempo.’ Logo, falar várias palavras numa simultaneidade de linguagem.”

“Ainda quando afirmas, interrogas.”

Maurice Blanchot, *A conversa infinita*

“Não havia fog em Londres antes de Whistler pintá-lo.”
Oscar Wilde, citado por Gombrich em *Arte e ilusão*

“Depois da morte, inda teremos filhos”
Augusto dos Anjos

“O problema da morte é não ser possível espantar as moscas”
Millôr Fernandes

*

racional na irracionalidade
irracional na racionalidade

*

impossuível verdade
perseguível deidade

*

*

a posse deforma
a busca transforma

*

certeza, carapaça
carapuça

*

*

imponência é impotência
impotência é imponência

*

cópula pública
morte pudica

*

*

variedade é unidade

*

morte violenta, manchete
decadente, plaquete

*

*

a tragédia
amplifica o impulso

*

a presença fixa
a ausência move

*

*

veste-se a língua
despe-se a roupa

*

aos vivos senectudes
aos mortos virtudes

*

*

cópula performática
acriativa inorgástica

*

o ausente vale mais
que o presente

*

*

só há uma regra
não há regras

*

a arte é a secreção
do onírico

*

*

a vida é bela
crítica cela

*

lugar comum
lugar nenhum

*

*

histórias cruas
apodrecem cedo

*

da faca do tempo
depende o corte

*

*

tragédias não existem
sem colunas gregas

*

linearidade
é a régua
da lógica

*

*

loucura
falsa
clausura

*

o socialismo possível
os vermes o fazem

*

*

a luz
dá razão
à escuridão

*

caminho
certeza
da dúvida

*

*

o poema cala
o que mais fala

*

o morto é projeção
do vivo

*

*

o jornalista
é o coveiro
do inesperado

*

o jornal
é a cova
do deteriorado

*

*

o eco
é o ego
do ego

*

a fama
afaga
a farsa

*

*

viçosa virtude
viciosa atitude

*

o poema
é a falha
do sistema

*

*

renasce o morto
no minuto de silêncio
e extingue-se no seguinte

*

não há vagas
nau a vagar

*

*

pêndulo de foucault
poder
foder

*

o apocalipse
como o excremento
é pessoal, atemporal
intransferível

*

*

o demônio é o ópio do povo

*

moderno
moribundo
eterno

*

*

ingênuos
ajoelham-se
aos pés do que imaginam

*

belas utopias
não têm pernas
pairam no ar

*

*

deus por deus, zeus

*

astronautas sonham
protegidos por capacetes

*

*

rebuscada almas
somente se dilapidam
em corpos de ourives

*

a rigor
a irracionalidade
se veste de fraque

a decadência sobe a escada

a boca engole o nada

*

*

a presença faz estereotipia
a ausência recria

*

a imensidão
no primeiro momento
é deslumbrante
nos seguintes, entediante

*

*

o poema é o ácido
sobre o absoluto

*

lâmina
é a língua
da revolução

*

*

todos ligados

fora

do

ar

*

*

semente e fruto
reproduzem luto

*

o corpo em trânsito
não tem morada

*

*

o dinheiro
não conhece as mãos

*

a falta valoriza o ausente

*

*

a ideologia se alimenta
do escravo que se filia

*

definir é cercear

*

*

arte é eternidade
eviscerada da finitude

*

morte certa
vida incerta

*

*

celulares
monitores
telas, televisões
janelas de platão

*

a frivolidade
floreia a finitude

*

*

a posse se efetiva
na ausência do possuído

*

doença é sintoma
de vitalidade

*

*

na religião
a mortalha
é de bom padrão

*

verdade decomposta
mentira exposta

*

*

a velocidade
prodigaliza
o olvido

*

a repugnância
purifica o desejo

*

*

alta informação
baixa deglutição

*

a morte é a pátria dos românticos
o futuro a mátria dos utópicos
o presente a frátria dos ausentes

*

*

a ideia nasce ninfa
adormece sereia
e acorda estátua

*

viver é repetir

*

*

para onde com tanta pressa
ficar no mesmo lugar

*

falar do dia
o vazio bem descrito,
a epopeia

*

*

sente-se
o que se sabe
que não se vai
sentir

*

a transgressão hiberna
com o interdito na caverna

*

*

a monogamia
é uma perversão

*

degenerescência exaltável
saúde execrável

*

*

sonhar é desintegrar

*

ter é não ser
ser é não ter

*

*

acumular é perder

*

nem morte, nem vida
aparência e superfície

*

da faca do tempo
depende o corte

consumo fátuo sarcófago nato

*

arte breve
vida oblonga

*

o tempo
lapida a versão

*

*

a dor
afina o gemido

*

centro, miragem
do pensamento

*

*

desviar
é atingir

*

não se diz tudo
nem tudo que se diz

*

*

o pensamento
é uma fantasia

*

movimento
mutação
mimetismo

*

*

sexo performático
pornografia terapêutica

*

preço generalizado
valor dissimulado

*

*

tudo flui
o mesmo

*

denominar é dominar

*

*

o absoluto
é instável

*

a linguagem
é um vírus também
fundamentalista

*

*

a tragédia
é primeiramente
um espetáculo

*

ação eficiente
autodestruição emergente

*

*

principípio
meio e fim
existem e inexistem

*

o motor do sonho
é o fascínio

*

*

tire a máscara
e o osso *veráz*

*

crematório vaticano
carvão paraíso

*

*

deus não unifica
separa e dissipa

*

a forma é vazia
o vazio não tem forma

*

*

a essência da animalidade
é o silêncio

*

no emaranhado
qualquer caminho é atalho

*

*

consumo fátuo
sarcófago nato

*

primavera
os mortos sepultados
florescem

*

*

penélope por um fio
ulisses por um cicio

*

banha-se o morto
como ao bebê

*

*

o progresso
é tautológico

*

o pior
está por vir

*

*

destruir para construir
construir para destruir

*

o humano é transcendente
sua natureza, negá-lo

*

*

ordem produz revolta
desordem produz inércia

*

desaparece o corpo
permanece o morto

*

*

o apocalipse
é um espetáculo

*

no princípio
- e no fim - o silêncio

*

*

totalidade fragmentada
fragmento, totalidade

*

heterossexualismo arcaico
homossexualismo retrógrado
panssexualismo revolucionário

*

*

o humano é um hospedeiro

*

para sonhar, dormir

*

*

a eternidade é o nada

*

acidente miúdo
aviso cornudo:
inferno à vista

*

*

é da natureza do objeto
recusar o nome
sua essência e afeto

*

o sêmen
é a inexpressão de deus

*

*

a água é a lápide
do náufrago

*

deste tempo se herda
não mais poder
catalogar o mundo

*

*

o movimento
é um ruído

*

se ele o come, tubarão
se você o come, cação

*

*

entre lábio e cálice
gozo o ápice

*

fecham-se as janelas
abrem-se os espelhos

*

*

o som sucede
o silêncio precede

*

o espírito deforma o corpo
o corpo dá forma ao espírito

*

*

o que o homem nomina
recusa o nome

*

morto presente
vivos ausentes

*

*

a paz é um subproduto
da guerra

*

o futuro sonhamos
o passado locupletamos
o presente esvaziamos

*

*

após o sexo,
falta de nexo

*

o adjetivo
se quer
substantivo

*

*

deus é tudo
que apodrece

*

és humano
quando sangras

*

*

o diabo faz vinho
pisoteando ossos

*

intermitências
são sujeitas
a incontinências

*

*

quero sempre menos

*

matar é o que melhor
o homem sabe fazer

*

*

para renascer,
morrer

*

o amor é lindo
mas não se fabrica
caixão pra dois

*

*

superficialização do sujeito
subjetivização do produto

*

deus é um predicado

*

*

chora ante o cadáver
da mercadoria amada

*

admire o morto
ele conseguiu

*

*

prescindir da morte
abdicar da vida

*

a própria morte
é inalcançável

*

*

matando o tempo
morte é entretenimento

*

casa cama comida casaquinho de lã
mas solto na natureza humana

*

*

carro-forte
não vai a enterro

*

ao espelho se parece
estar mais próximo
do que se está

*

*

o vivo habita o passado
o morto habita o futuro

*

ideias são fantasias
a tudo governam
da crua vida às epifanias

*

*

caixão, casulo
sonha o vivo
com voo, consolo

*

real, fantasia
do ideal

*

*

quanto mais encenação
mais perto
da realidade estão

*

dos antepassados
herda-se o desconhecido

*

*

para impedir o êxtase
inventou-se o estado

*

quem não pensa
obceca

*

*

vida é concentração
morte dissipação

*

o rosto
enfim é a máscara

*

*

a beleza
é estática

*

o horror
é movente

*

*

quem não morre
envilece

*

a fé é uma doença
que rebrota
após cada desastre

*

*

o esqueleto é a estrutura
da metafísica

*

a hóstia é cunhada
na casa da moeda

*

*

o que está passando
não vai mais passar

*

não há afeto
desinteressado

*

*

fantasia
infla
esvazia

*

a loucura
é também coletiva

*

*

novela da imanência
iminência do desastre

*

tempo presente
templo do ausente

*

*

sem o humano
o mundo não existiria

*

enterrados os mortos
vamos aos mortos-vivos

*

*

não olhe para si
olhe para mim

*

a vida é
sêmen

*

Ademir Demarchi nasceu em Maringá-PR, em 7/4/1960 e reside em Santos-SP. Cursou doutorado em Literatura Brasileira pela USP e edita a revista BABEL, de poesia, crítica e tradução (9 edições de 2000 a 2018). Editou a revista Babel Poética (premiada em 1.º lugar pelo Programa Cultura e Pensamento 2009/2010 do Ministério da Cultura, que teve 6 edições em 2011-2013, com 10 mil exemplares em distribuição nacional). Edita o selo Sereia Ca(n)tadora, de livros artesanais, com mais de 30 títulos publicados entre 2010-2018. Publicou, entre outros, os livros de poemas: Os mortos na sala de jantar (Realejo, 2007); Passeios na Floresta (Éblis, 2007); Do Sereno que Enche o Ganges (Dulcineia Catadora, 2007); Ossos de Sereia (YiYi Jambo, 2010); Pirão de Sereia, que reúne sua obra poética de 30 anos (Realejo, 2012); O amor é lindo (Patuá, 2016); Gambiarra – Uma pinguela para o futuro do pretérito (Urutau, 2018); Cemitério da filosofia - Máximas minúsculas (Kotter, 2020); Louvores gozosos (Olaria Cartonera, 2020); In Fuck We Trust (Urutau, 2020). Reuniu suas crônicas publicadas durante oito anos em jornal no livro Siri na lata (Realejo, 2015) e publicou os livros de crítica Espantalhos (2017) e Contrapoéticas (2020, ambos pela Editora Nave). Organizou em dois volumes 101 Poetas – Antologia de experiências de escritas poéticas no Paraná do século XIX ao XX (Biblioteca Pública do Paraná, 2014). Vários dos seus livros foram publicados no Peru, Paraguai e México.

ESTE LIVRO FOI COMPOSTO EM TIPOS *GARAMOND* E *A BEBEDERA*
SOBRE PÓLEM 80 GR NA PRIMAVERA DE 2020 PELA KOTTER EDITORIAL EM CURITIBA